后浪出版公司

亲历抗美援朝战争

孟昭瑞

北京联合出版公司
Beijing United Publishing Co.,Ltd.

目　录

代序 一场伟大正义战争的生动记录

孟昭瑞同志离休后的二十多年里，先后出版了图文并茂的《共和国震撼瞬间》等5部专著，颇受摄影界和读者的好评。现在又有一本《亲历抗美援朝战争》即将付梓，看了清样，既看到当年曾发表过的感人画面，更多的是他从珍藏的大量历史照片中挑选出来的佳作。全书真实、生动地反映了那场战争的诸多重要场景和典型人物、典型事件，既是一部珍贵的史料，又是一部抗美援朝战争令人震撼的新著。不由得使我想起六十年前在朝鲜那些年的战斗和生活，感到格外亲切、激动。

20世纪50年代初，中华人民共和国诞生不久，长期战争造成的创伤还没有恢复，百废待兴。1950年6月，朝鲜战争爆发。短短几个月时间，美国纠集了16个国家组成"联合国军"和李承晚军队，把战火烧到了我国边境的鸭绿江畔，并且频繁出动飞机轰炸我国东北边境地区，使我国安全受到严重威胁。中共中央经过多次讨论，终于毅然做出了组成志愿军出兵朝鲜的决定。

中国人民志愿军是在朝鲜战局极端严重情况下出国作战的。我军装备简陋，却面临着武装到牙齿的敌人，加之人地两生，种种困难难以想象。然而，志愿军战士们发扬了我军的优良传统，打了一场现代条件下具有相当规模的国际性的反侵略战争。在两年零九个月的时间里，志愿军和朝鲜人民军一道，歼敌九十余万人，赢得了战争的胜利。志愿军的胜利消息源源不断地传回国内，大振军威国威，真是大长中国人民志气，大灭帝国主义威风啊！

当时，昭瑞同志正在采访第一次全军英模代表大会，得知部队即将入朝的消息，他立即请缨到前线采访。10月下旬，他来到鸭绿江边，敏锐地拍摄到我边防军战士守卫在江边的镜头。昭瑞同志是最早用画面向国人展示"侵略者把战火烧到了鸭绿江边"这一严峻事实的战地记者。接着，他又拍摄了大队人马跨过鸭绿江的浩大场面，他自己也随着铁流，追赶部队去了。

抗美援朝战争分为两个阶段。第一阶段，从 1950 年 10 月到 1951 年 6 月，是运动战时期。在此期间，志愿军先后组织了五次战役，在运动中歼敌二十余万人，把敌人由鸭绿江边，一直赶到汉江以南，使战线稳定在"三八线"附近。

昭瑞同志紧张地参加了五次战役的第一次战役。运动战的特点是我军善于捕捉战机，善于近战夜战，敢于迂回穿插、分割包围敌人，使敌人火力强、机动快、有制空权等优势变成弱势，从而歼灭他们。第一次战役是初战必胜的关键战役，部队仓促入朝，立即投入战斗，在运动中苦战十三昼夜，歼敌一万五千余人，把敌人打退到清川江以南。这是五次战役的开篇之作。当昭瑞同志赶到前线，第一次战役已经胜利结束，正好遇见了参加云山战斗的 39 军部队正押送俘虏向后方行进，这可是号称美军王牌的骑兵第一师的人马，他们衣着整齐，几乎没有多少疲态，就当了俘虏。美国军队不可战胜的神话破灭了。这一胜利场景多么令人鼓舞啊，他立即拍摄并向祖国传送了这一珍贵画面。

仅仅两个多月，1951 年 1 月初，志愿军取得了第三次战役胜利，将战线推到汉江以南。昭瑞同志再次拍摄到俘虏英军 29 旅军官的镜头，英军同样也是可以战胜的啊。此时，志愿军空军部队也迅速成长，真是初生牛犊不怕虎，1 月下旬，年轻的空军战士参加两次空战，就取得击落击伤敌机 3 架的胜利。

前线的胜利频频传回国内，2 月初，中国人民抗美援朝总会邀请志愿军组织归国报告团，向祖国人民汇报抗美援朝战争情况和英勇事迹。紧接着，3 月下旬，中国人民抗美援朝总会派遣了包括各界人士、劳动模范、文艺工作者等五百多人参加的赴朝慰问团，冒着敌机轰炸、炮火纷飞的危险，奔赴朝鲜战地，慰问中朝人民和军队。慰问中，有三名慰问团员在敌机轰炸扫射中光荣牺牲。前方后方同仇敌忾，心心相连，昭瑞同志跟随代表团领导和分团深入到前线阵地，拍摄了大量图片。国内也掀起轰轰烈烈抗美援朝运动，群众捐款捐物，给前线买飞机、大炮，运送物资等。所有这些极大地鼓舞了志愿军战士英勇战斗的高昂士气。

1951 年 6 月，作为运动战的五次战役胜利结束，我军歼敌三十余万人。9 月，由志愿军政治部副主任杜平率领志愿军战斗英雄国庆观礼代表团一百余人，在参加国庆观礼后，分赴各地作报告，历时两个多月，志愿军的英雄事迹极大地鼓舞了国内人民。战斗英雄张积慧、赵宝桐、刘玉堤、杨连弟等不论走到哪里，都被群众包围簇拥，那种热烈的场面，书中反映得极其生动。

从 1951 年 6 月到 1953 年 7 月，是抗美援朝战争的第二阶段，是"持久作战、积极防御"的阵地战时期。志愿军在"三八线"地区构筑了三道防御阵地，以"零敲牛皮糖"战术，打小歼灭战，又不失时机地进行战术反击和战役反击。每次战役战斗，小到十几人几十人，大到成千上万人地歼灭敌人，积小胜为大胜。

在敌人有着空中优势和火力优势的条件下，阵地战同样是异常艰苦的。1952 年 10 月 14 日至 11 月 25 日的上甘岭防御战，就是一次有代表性的阵地防御战役。地处中线的五圣山前沿，在不足 4 平方千米的狭小地区，敌人投入总兵力达 60000 余人，飞机 3000 余架次、投掷炸弹 5000 余枚，大口径火炮 300 余门，加上 170 余辆坦克，共发射炮弹 90 万发。我阵地内有两个高地的土石被炸松一至两米。我坚守阵地的部队，在 43 个日日夜夜里，历经无数次极其残酷艰辛的战斗，先后打退敌人大小冲击 670 余次，进行数十次反击，共歼敌 25000 余人，击落击伤敌机 270 余架，击毁击伤敌火炮 61 门，坦克 14 辆。

昭瑞同志又一次紧紧抓住战机，冒着炮火，置生死于度外，深入上甘岭一线采访，全方位、多角度地反映了上甘岭战役的全貌。图片中有指挥整个战役的 15 军军长秦基伟在前线同战士们在一起，有五圣山战斗指挥所指挥员 12 军副军长李德生在坑道里指挥作战，有扛着炮弹箱沿着崎岖小路向前沿运送的战士运输队，有高射炮兵部队正在阵地上向敌机开炮，有喀秋莎火炮夜间射击。看到这些在战火纷飞中拍摄的图片，让人不由得联想到他许多图片中那种善于捕捉历史瞬间的机灵与才气。

上甘岭战役的胜利，振奋了祖国人民，规模更大的中国人民第二届赴朝慰问团一千余人，又一次来到朝鲜，慰问活动历时两个多月，期间昭瑞同志又有大量佳作。

志愿军在战场上的节节胜利，迫使美国侵略者不得不边打边谈，打打谈谈，尤其志愿军 1953 年夏季反击战役接连取得胜利，终于迫使敌人向我方作出了签署停战协定的保证。

这时，昭瑞同志又活跃在板门店前线。那可是世界诸多新闻记者镜头聚焦的地方。昭瑞同志拍摄了《停战协定》签字前后诸多场面，从战士们一周内修建好签字大厅，到双方代表共同正式签字、中朝最高指挥员分别在协定上签字。

停战谈判经历了不断的斗争才终于达成协议，即使在签字前后，同样经历了许许多多的斗争。昭瑞同志叙述了不少这方面的故事。

抗美援朝战争的胜利，粉碎了美帝国主义侵略军不可战胜的神话，鼓舞了全国人民的爱国热忱和社会主义建设的积极性，也为我军取得了进行现代化战争的经验。1953年10月，祖国人民又一次组织了以贺龙元帅为团长的四千余人参加的更大规模的慰问团，历时两个多月慰问了中国人民志愿军各个部队和朝鲜军民。

昭瑞同志在关注胜利欢乐的同时，又把注意力注意到志愿军归俘人员。这同他一年多前，拍摄的我军在平安北道碧潼郡安置的敌军俘虏营，形成强烈的对比。大家可以看到我军在战争紧张进行的时候，抽出人力物力组织战俘营，对敌军战俘从物质生活到精神生活，从宗教信仰到收发平安家书，从伤病医疗到心理安慰，照顾得无微不至，战俘欢乐安详，场景真实感人。然而，停战以后，我军归俘人员，从敌方迈着蹒跚步伐，回到我方，曾经遭受敌人非人待遇，甚至挖眼割耳的情景，真是叫人揪心，如果没有图片为证，简直令人难以置信。昭瑞同志用图片告诉我们，是谁真正实行人道主义，谁在口头上大喊人道主义，而实际上做的却是毫无人道的犯罪行为。

朝鲜停战以后，志愿军在朝鲜又驻守了5年，他们警惕地守卫在非军事区前沿和许多重要阵地，他们帮助朝鲜人民恢复生产重建家园，他们为牺牲的战友修建了烈士陵园，直到1958年，才陆续凯旋回到祖国。

反映抗美援朝战争的摄影作品，有许许多多专业记者和业余摄影爱好者的参与，构成了一幅波澜壮阔的历史画卷。而昭瑞同志以一个人的镜头，能够反映多少呢？看完全书，应该说，昭瑞同志对于抗美援朝战争的主要方面有了比较深入的反映，而且有许许多多可以说是颇有经典意义的佳作。

这些作品，很多是在战争环境下，在炮火纷飞、山路崎岖、气候恶劣的条件下拍摄的，这就需要作者有大无畏的勇气和智慧。

这些作品，很多是在战斗正在进行、战场局势千变万化条件下拍摄的，这就需要作者熟悉战争、熟悉战士，善于机动灵活地捕捉历史的瞬间。

这些作品，许多不是孤立的画面，而是有生动的史实和感人的故事，使这些画面立体化了。我们看到昭瑞同志亲自撰写几万字的说明，就知道作者是个有心人，他在拍摄现场，不管条件多么恶劣，多么紧张，都会记录当事人的姓名和事迹，了解这个事情的前因后果。所以，他在整理书稿时，不仅可以从保存完整的大量底片中精选，而且有一本本战地笔记，可供撰写章节概述和图片的文字说明，这十分难能可贵。

　　抗美援朝战争已经过去六十多年，昭瑞同志已经从一个风华正茂的小伙子，变成了耄耋之年的老人。他依然葆有一颗战士的豪情和心态，不辞辛劳地整理并撰写了这样一本很有意义的书稿。在即将出版之际，我由衷地祝贺他，感谢他！

原《解放军报》社长
祝庭勋
2014 年 5 月

主动请缨

64 年前，作为《解放军画报》记者，我有幸参加了抗美援朝战争。从渡过鸭绿江开始到 1953 年 7 月 27 日开城停战签字止，在近三年的时间里，我几乎在朝鲜这块英雄的土地上，度过了艰苦、自豪、胜利的全过程。我既目睹了美国侵略者在战场上的凶残和在谈判桌上的狡诈，也与志愿军指战员一起经受了生与死的考验，亲历了中朝两国军队与人民用鲜血凝成的战斗友谊。

中国抗美援朝战争的伟大胜利，为新中国赢得了 60 多年的和平环境，确立了新中国的国际地位，维护了亚洲和世界和平。

1950 年 10 月，我正在北京采访全国战斗英雄代表会议。闭幕式上，针对美国武装侵略朝鲜、霸占中国领土台湾，严重威胁我国安全的情况，英雄们举行了庄严的和平签名仪式——在斯德哥尔摩宣言上写上自己的名字。会场变成了出征誓师大会，会议一结束，他们便随部队登上火车，奔赴战火纷飞的朝鲜战场。

那时，我刚满 20 岁，是个血气方刚、不怕艰险的革命军人。作为一名部队的摄影记者，理应义不容辞地主动要求上战场，到火热的斗争中去。10 月底，我带着喜悦、豪迈的心情从北京出发，乘火车到达中朝边境的安东 (现为丹东)，抢拍到志愿军雄纠纠、气昂昂垮过鸭绿江的壮观场面。为了尽快入朝赶上过江的志愿军部队，我又单枪匹马，登上开往前线的弹药车队。汽车沿着鸭绿江北岸前进，因美国飞机十分猖狂，直到傍晚车队才从长甸鸭绿江渡口浮桥进入朝鲜国土。当时刚下过大雪，崎岖的山路又陡又滑。一路上不断看到有朝鲜群众修路、铲雪，他们嘴里还哼着朝鲜民谣。大部分是妇女和老人，男同志到前线打仗去了。他们充满着革命乐观主义精神，使我感到朝鲜人民是不可战胜的。为了防空，汽车一直在无照明条件下行驶，一不小心就会掉进万丈沟壑。我身上只穿着棉衣，挡不住凛冽刺骨的寒风，冻得全身打哆嗦。可是，看着美军给

作者与《解放军画报》记者杨振亚（右）在朝鲜云山战场合影。

朝鲜人民带来的灾难，我的心在燃烧、在愤怒、在憎恨。

凌晨 4 时，到了志愿军总部所在地大榆洞，中国人民志愿军司令员彭德怀就在这里指挥着志愿军的千军万马。大榆洞是朝鲜著名四大金矿之一，位于平安北道朔州郡。接待人员将我安排在一个大山洞里，条件十分简陋，床铺是低矮的木板架起来的，空气混浊、满地潮湿。为了尽快赶到前线，天刚亮，用过早饭，我找到志愿军政治部宣传部的同志。了解战况后我决定到正在担任云山战斗主办军之一的第三十八军采访。傍晚我坐上送弹药的车继续前进。

战场的气氛越走越浓，路两旁的房舍几乎全被炸光，不时可看到朝鲜老人、儿童和妇女蜷缩在临时挖的防空洞里艰难地生活着。好容易找到了第三十八军前线指挥部，主力部队正在激烈地战斗着。云山位于朝鲜平安北道，周围群山延绵，是一个仅有千户人家的小镇。云山守敌是美军骑兵第一师第八团和伪军第一师第十二团。美骑兵第一师是华盛顿时代建立的开国"元勋师"，至今仍保留着"骑兵"番号。不过，他们现在不再是骑着高头大马的骑兵，而是一支彻头彻尾的机械化部队了。他们自吹建军 160 年来没打过败仗，是深受美国当局宠爱的一张"王牌"。

云山战斗也是中美两军现代历史上的第一次交锋。

在这次战斗中，我军首次以劣势装备歼灭了具有现代化装备的美骑兵第一师第八团之大部及伪军第一师第十二团一部，共歼敌 2046 人 (其中美军 1840 人)，缴获敌飞机 4 架、击伤敌机 1 架，击毁与缴获坦克 28 辆，缴获汽车 176 辆，各种炮 190 门及大批枪枝弹药等。云山惨败，震动了白宫。杜鲁门的女儿后来写道："在朝鲜开始发生惊人事件，第八骑兵团几乎溃不成军。"麦克阿瑟的继任者李奇微承认："中国人对云山西面第八骑兵团第三营的进攻也许达到了最令人震惊的突然性。""第八骑兵团在云山总共损失一半以上的建制兵力和很大一部分装备。"

云山战斗是我在朝鲜战场采访的第一个大战斗。这个巨大胜利，大涨了中朝两国人民和军队的志气；也给世界爱好和平人民很大的欣慰和思想的解放——美帝国主义是纸老虎，没有什么可怕的！

1950 年 8 月 1 日，建国后第一个建军节，"北京各界庆祝'八一'建军节，反对美国侵略台湾、朝鲜示威大会"在故宫太和门广场举行。参加大会的有人民解放军陆海空部队和公安部队，以及首都工人学生和机关工作人员的代表四万多人。

1950 年 10 月底，美国飞机轰炸新义州，战火烧到了鸭绿江边。

1950 年 10 月，全国战斗英雄代表会议在北京召开。此时，美国武装侵略朝鲜，霸占了我国台湾。大会闭幕时，英雄们举行了庄严的和平签名仪式，顿时会场变成了誓师大会。

1950 年 10 月 25 日，中朝边境的安东（现丹东），中国人民志愿军入朝作战，雄赳赳、气昂昂地跨过了鸭绿江大桥。

1950 年 10 月底，东北人民赶着马车，通过鸭绿江浮桥向朝鲜前线
运送弹药和军需物资。

1950 年 11 月中旬，在云山战斗中被俘的美骑一师之一部。

1950 年 11 月中旬，在云山战斗中被俘的土耳其旅之一部。
云山战斗中国介入朝鲜战争后的第一次战役中的一场战斗。

1951年3月，志愿军在汉城前线俘获的英国皇家炮兵29旅的军官们。

1951年3月，志愿军在汉城俘获的英国皇家炮兵29旅士兵之一部。

1950 年 11 月中旬，在一、二次战役中缴获的满载物资的美军汽车。

第一次战役从 1950 年 10 月 25 日开始，11 月 5 日结束，包括温井战斗、云山战斗、长津湖阻击战。中国人民志愿军取得胜利。

第二次战役从 1950 年 11 月 25 日开始，12 月 24 日结束，中国人民志愿军取得决定性胜利。

1950 年 11 月中旬，在一、二次战役被我军摧毁的美军坦克。

作者作为志愿军的一员战斗在朝鲜前线。

上甘岭战斗

　　1952 年 10 月中旬，中国第二届赴朝慰问团来到朝鲜志愿军总部桧仓驻地，志愿军第一副司令员邓华将军，在慰问大会上向祖国人民报告时讲到，我志愿军在金化以北五圣山一带的上甘岭地区与美国为首的联合国军进行浴血奋战，涌现出许多可歌可泣的英雄事迹。特级英雄黄继光更是志愿军战士革命英雄主义的集中代表……

　　当时，慰问团副总团长、解放军总政文化部长陈沂同志，告诉我们——解放军文艺社的陆柱国、八一电影制片厂的摄影师谢杞宗及助理和我共 4 人，立即到上甘岭前线采访。邓华副司令员亲自为我们联系去上甘岭的车辆，因为小车实在抽不出来，我们 4 人乘了一辆卡车，只好躺在"硬卧"上睡大觉。由于道路不平，车摇煤球似的滚来滚去，经过两个夜间的颠簸，凌晨 3 时左右快到第 15 军前线指挥部时，汽车在一座山上攀行，可能是司机同志开车疲劳所致，车突然翻下山去。车翻过来调过去的往下滚，我们 4 人相依为命地抓住车梆子，幸亏一棵大树挡住了，才使我们死里逃生。大家都受了轻伤：不是手腕扭了，就是头碰个大包、还有的脚关节扭伤。这时，空中来了敌机，车灯还亮着，喇叭关不上，司机好容易爬出慌忙用大衣盖住两个车灯，以防不测。我们只好走下山找部队，恰好碰上了第 15 军后勤部的同志，他们得知是祖国慰问团的，格外亲切，还给我们找医生看了伤。

　　天一亮，我们就来到江水岱附近的一座小山上，森林密布，空气格处新鲜。这就是志愿军第 15 军前线指挥部。秦基伟军长与其他军首长接见了我们，为我们设宴洗尘。宴席虽然简单，没法跟现在比，但在战争环境中，能吃到可口的饭菜已数难得。我坐在秦军长的左边，在交谈中，他知道我是解放军画报社的记者，更增添了信任感。他蓦地从木屋里取来一台德国制的康泰克斯照相机递给我，询问照相机的使用方法；光圈、速度、距离的关系，室内如何曝光等，以及平时维护照相机的事项。当天下午，我们参加了秦军长与上甘岭战斗中坚守坑道14昼夜的英雄八连代表的会见，并听取了英雄们的战斗事迹。秦军长详细询问了八连指导员王士根的战斗过程：怎样英勇顽强地与美国侵略军战斗的？如何打退敌人数十次进攻？特别到后来——水、食品都缺乏的情况下，怎样一边战斗，一边克服艰难险阻，最后取得胜利地？王士根和八连战士异口同声的回答是："为了祖国和朝鲜人民。"秦军长激动不已，高度赞扬了八连的国际主义精神和对祖国人民的忠诚。

在战士带领下，我们步行穿过数道封锁线进行采访，不时利用地形，躲避炮弹的落着点，又过起了战地生活。这也是部队摄影记者的"家常便饭"。我们终于来到五圣山前线炮阵地指挥所，这里昼夜24小时都在打炮，震的地动山摇，但逐渐也就习惯了。在这里，听到的英雄事迹感人至深，如某营电话班长牛保才在检查电话线时，两条腿被敌炮火炸断，但仍拖着断腿爬行到断线头，用牙咬着把断线头连接在一起，让电话通过自己的身体保证了战斗命令的顺利下达，使部队取得了歼敌500多人的胜利。在一次反击战中，敌人残存的火力点以密集的火网把我突击队压在山脊上，连续组织三次爆破都没成功。离天亮只有40多分钟了，如不尽快炸毁敌人中心火力点，反击任务便难于在天明前完成。在这关键时刻，营部通讯员黄继光挺身而出，当接近最近一个地堡时，黄继光已负伤七处，他咬着牙投出最后一颗手雷，敌人机枪被炸哑了。黄继光也昏倒了。但是当突击队跃起来刚要冲锋的时候，敌人的机枪又响了。倒在血泊中的黄继光一跃而起，扑向地堡，用胸膛堵住了敌人的机枪射孔。在"为黄继光同志报仇"的呼喊声中，突击队迅猛地冲上山顶，零号阵地又回到我军手中……

志愿军这种视死如归的英雄壮举，令贪生怕死的敌人胆战心惊，他们感到不可思议。美国前线指挥官惊呼："中国军队为什么不怕死？可能是服用了什么药物吧！"

上甘岭战斗，虽然是在一个很狭小的阵地上进行的，但它的激烈程度与志愿军的勇猛顽强，在世界战史上少有。敌人为争夺面积不过三平方公里的几个

1952 年 11 月初，作者在上甘岭前线采访时的留影。

山头，投入了两个多师的步兵，一百多辆坦克和美第八师的炮兵总预备队，平均每天发射炮弹 2.4 万发，最多的一昼夜将近 30 万发；平均每天出动飞机 63 架次，投掷重磅炸弹 500 多枚及无数凝固汽油弹；坦克每天出动 30 至 70 辆，使狭小的 597.9 阵地和 537.7 阵地山头被削低了两米，山上的岩石被炸成一尺多厚的黑色粉末碎石，许多岩石坑道被炸短了三、四米。但是，打了一个多月，敌人死伤 2.5 万余人，毁伤飞机 200 多架，阵地仍在我军手中。

上甘岭战斗经过 43 昼夜的激烈较量以我军的胜利结束。志愿军领导机关两次致电上甘岭前线作战部队指战员，嘉勉和祝贺他们在防御战中获得的光辉胜利。

巍然耸立的上甘岭主峰 ——五圣山，我志愿军 597.9 高地和 537.7 高地北山两个山头阵地就在五圣山的南面。

上甘岭前线指挥所，抓紧间隙观察敌人动向，准备再战。

上甘岭战役中的志愿军 12 军的指挥所。副军长李德生（左）和炮
七师师长颜伏（右）在专心研究敌情、部署兵力。

坚如磐石的上甘岭阵地坑道指挥所，参谋们机智沉着地指挥着部
队的战况。

坚守在上甘岭战壕里的战士们，手里拿着毛主席的照片宣誓："请
祖国和人民放心，请毛主席放心，人在阵地在。"

上甘岭前线的高炮部队，一看见美国飞机就认为"用胜利回答祖
国人民"的机会到了。在 11 月 1 日早晨，仅 5 分钟的激战，就击
落敌机两架，击伤 3 架。

战斗在上甘岭前线的志愿军某部炮兵五连六班的勇士们，曾以 23 发炮弹，击毁敌坦克 5 辆，火药库一处，杀伤大量敌人，全班在阵地上立集体二等功。

志愿军火箭炮部队，给进攻上甘岭 537.7、597.9 两个阵地的敌人以毁灭性的打击。

上甘岭前线指挥部干部，迅速指挥运输队，冒着敌人的炮火，向上甘岭 597.9，537.7 阵地送弹药。保障战斗的胜利。

上甘岭前线的后勤保障部队，为上甘岭前线指战员运送充分的粮食、给养。

在上甘岭前线，秦基伟军长（右）和坚守 14 昼夜阵地的英雄八连指导员王士根在一起。

在上甘岭前线，秦基伟军长（左4）及军部领导与英雄八连代表们合影。

欢腾的碧潼战俘营

1951 年 4 月，由于我志愿军节节胜利，迫使美军退回到"三八"线以南。美国和所谓联合国军被我军俘获成千上万，我志愿军在朝鲜北部碧潼建立了一个战俘营。

碧潼郡位于平安北道，靠近中朝边界，是一个半岛，东、西、南三面环水，西面是水连高山无路可走，只有北面是陆地。看上去，这儿全然不象是关押战俘的地方。战俘住的是民房，虽说不算宽敞，但很整洁。饭堂、俱乐部、篮球场一应俱全，营区周围没有设置铁丝网。碧潼战俘营收容的美国、英国、法国、土耳其、菲律宾等 13 个国家的战俘，这些不同肤色的战俘各有各的信仰，各有各的习惯和爱好。

我军宽待俘虏政策，早在 1946 年 11 月 14 日中共中央发出的《对俘虏工作的指示》中就已制订。这一政策在志愿军入朝作战中严格执行。

1951 年 12 月 25 日是圣诞节，碧潼战俘营中的欧美战俘都很重视这个节日，虽然志愿军生活十分艰苦，物质条件极差，但还是想方设法地回到祖国为战俘采购味美可口的食品。为了尊重他们的风俗习惯，还特意给每人买了一只鸡代替他们吃的火鸡。会场上布置了圣诞树，银色的钟，红烛，还有香烟、糖果，墙壁上贴了许多标语，会场充满了西方风情和宗教气氛，足以使英、美籍战俘，想起他们在本国和平时期与家人共度节日的情景。除此之外，还开设了"教堂"，供英、美战俘作礼拜。战俘们化妆成圣诞老人给参加晚会的人发放圣诞包。他们愉快地跳起土风舞，打起橄榄球、篮球。

战俘对志愿军的作法感动极了。他们进会场后，不断地做各种动作，发出各种声音来表示他们的惊奇和感动。有的拿出本子来抄写会场上的标语，有的感谢志愿军对他们的宽待，有的介绍自己过去在德国战俘集中营受苦的情景，并和我们的宽待作对比。一个美国战俘说："德国人是信奉天主教、基督教的，

作者（右一）与新华社记者王珠（左一）、徐熊（右三）等国内新
闻单位记者在美丽如画的碧潼战俘营合影。

第一次战役结束后，中国人民志愿军政治部派保卫部长杨霖在朝鲜靠近中朝边境的碧潼选址
建立战俘营。碧潼战俘营位于鸭绿江和支流形成的一个半岛上，三面环水。开始只收容管理
韩军以外的联合国军战俘，1951年3月之后，鉴于朝鲜人力物力的困难，韩军战俘也由志
愿军管理。4月，志愿军政治部成立志愿军战俘管理处，下设4个俘管团和2个俘管大队，
其中2个俘管团收容管理韩军战俘，另2个俘管团和2个俘管大队收容管理美、英、法、土
耳其、菲律宾等国的"联合国军"战俘。至1951年6月，碧潼战俘营共有美军战俘2000余人，
英军战俘800余人，土耳其战俘200余人。

资料来源：军事科学院军事历史研究部.抗美援朝战争史（第三卷）.军事科学出版社,2000.9
中国人民解放军总政治部联络部编.敌军工作史料·第6册（1949年-1955年）.1989

他们不但不给我们过圣诞节，而且虐待我们。中国人不信宗教，但为我们筹备一个隆重的圣诞节，我们深深感到中国是世界上最讲文明的国家。"还有的咒骂杜鲁门、麦克阿瑟和华尔街的老板们，害得他们不能在圣诞节和家人团聚。晚会上，战俘们还自动高呼："中国人民志愿军万岁！"

志愿军碧潼战俘营，平时供给战俘足够的日用品。1951 年冬天，为战俘每人特制了一套新棉衣，一床新毯子，一双新棉胶鞋。以后，每年为他们发两次全新的统一的夏冬全套制服。定期配发牙膏、牙刷、毛巾等物品，烟斗、卷烟纸、糖果、点心也满足供应，每星期还发五盎司的烟丝。在战俘营中还开展了丰富多彩的文化娱乐活动。各团都有俱乐部，玩具有棋子、扑克等。体育活动有美俘喜欢的橄榄球、英俘喜欢的足球。夏天有游泳、冬天有滑冰，还有摔跤、足球比赛和拳击赛等项目。战俘营中有可容纳三百多人的平台，成了战俘们开展拳击活动的最佳场所。战俘们的运动会，受到了非常热烈的欢迎。美俘说，这是人类历史上空前的，世界上的战俘营没有开过这样的运动会。他们写了几百封家信，报告运动会的盛况。

在战俘营我还认识了新华社记者李平同志，他当时 22 岁，年青有朝气，英语很好。由于他对党的政策学习得好，很会作瓦解敌军的工作，所以战俘们都愿意和他交朋友。李平微笑着同美俘莱德勃郎交谈，讲解《每日新闻》登载美国国内人民呼吁杜鲁门停止朝鲜战争的有关消息。莱德勃郎无拘无束，和拉家常一样无保留地揭露他们的政府侵略朝鲜的罪行。很多美军和所谓联合国军战俘纷纷写文章谴责他们的国家，李平还将他们写的文章录了音，及时发回北京，通过电台广播出去，用战俘声音批驳了美国政府诬蔑我军虐待战俘的谣言。敌人说，李平采写录制的稿件比炸弹还厉害。

设在朝鲜碧潼的朝中方面第五战俘营。

朝鲜碧潼战俘营美国战俘莱德勃郎，很愿意同新华社记者李平（右）交朋友。他向记者揭露美国政府侵略朝鲜的罪行，到朝鲜打仗是错误的。

圣诞节这一天，俘虏化装成圣诞老人，给与会者发圣诞礼包。

战俘们的宗教信仰受到尊重，美英战俘在圣诞节做基督教礼拜。

欧美战俘在杀鸡（因没有火鸡，志愿军工作人员专门从国内买鸡来代替），准备圣诞晚餐。

为尊重欧美战俘的风俗习惯，1951年12月25日，专门给他们过圣诞节。菜单上写着炸鸡、土豆泥、牛排、番茄酱、黄油馅饼等。

战俘们化装跳土风舞。

美英战俘拉着提琴，打着鼓，跳起了滑稽舞蹈。

战俘们领取定期配发的肥皂、毛巾、牙膏等生活用品。

战俘们领到了新做的棉制服。

碧潼战俘营的工作人员，正在给美英战俘发放过冬棉衣、棉被等。

志愿军工作人员（前中），正在给美英战俘发放家中来信。

战俘们在阅读各种英文报纸、杂志等。

志愿军工作人员（前）正在给美英战俘讲解有关我军宽待俘虏的
政策，他们听得津津有味，十分感谢志愿军，说它是世界上最人
道的军队。

美军战俘士兵雷蒙特　朱尔喜读相隔万里的家信，脸上露出了愉快的笑容。

战俘们在野餐，生活得非常愉快和自由。

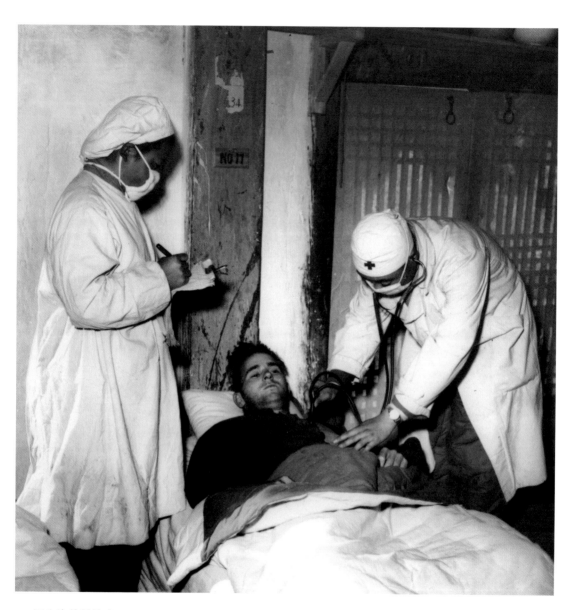

医生为美俘治病。

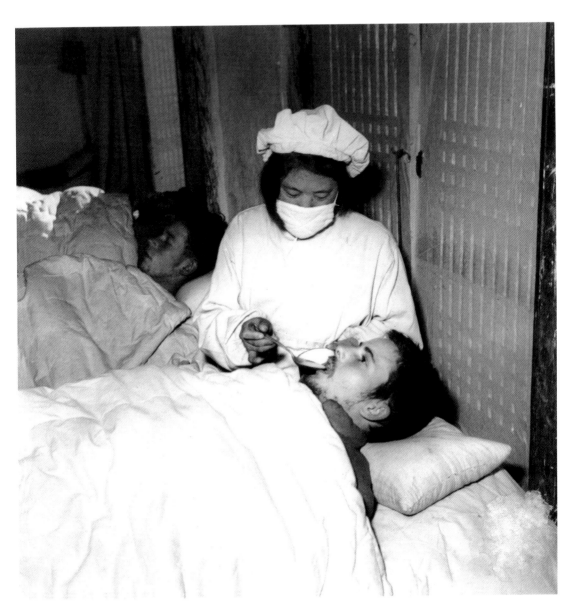

美俘士兵西门斯患病不能起床，志愿军护士给他喂饭。

战俘们出院了。他们受到志愿军医护人员无微不至的关怀。

战俘们在碧潼战俘营过着无忧无虑的生活，吃得好、穿得好、盖得好。今天天气晴朗，晒晒被子，格外开心。

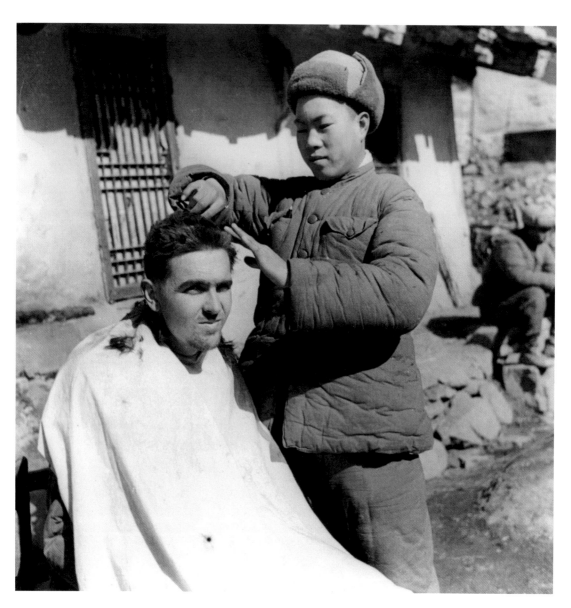

志愿军为美俘理发。

美英战俘在一起打篮球。

志愿军工作人员与美俘组织的篮球队。

因陋就简，锻炼身体。

战俘们跳起了拉美自由舞。

医生与美欧战俘病号一起打扑克。

美欧战俘布置圣诞门，欢庆节日的到来。

土耳其战俘信奉伊斯兰教，为照顾他们的宗教习惯，特为他们购买了鲜鱼。

鲜明的对照

与志愿军善待战俘相对照，美军在朝鲜战争中虐待志愿军被俘人员罪行累累。作为一名军事摄影记者，我亲眼目睹了志愿军是如何严格遵守日内瓦有关战俘公约，优待俘虏的；也见证了美帝国主义恩将仇报，对待我们的被俘人员毒打、挖心、割耳朵乃至吊死的残暴！

以美国为首的16国所谓联合国军，严重违背日内瓦战俘公约，残酷迫害志愿军被俘人员，强迫他们进行体力劳动，强迫听美蒋特务的"训话"。在会上，特务们规定每一个人都要把"训话"记住，都要把"训话"的内容重背一遍，背错了就打得浑身是伤，特务们一次又一次地逼着写"血书"，把被俘人员一个接一个带进特务的审训室，用刀片害开每个人的左手手指，然后用毛笔蘸着流出的鲜血，再逼着他们用右手打自己的手印，"血书"上的话，都是特务们事先编造好的，其目的是叫志愿军被俘人员背叛自己的祖国。我志愿军180师政治部主任吴成德被俘后，被他们折磨得骨瘦如柴，他当时只有30多岁，可是由于美方非人虐待，头发脱落了一半。美蒋特务曾在单独关押他的牢房里按装了两个高音喇叭，每天在喇叭里喊叫："吴成德，快交代。"弄得他白天黑夜不得安睡，受尽了折磨。一位名叫李威的志愿军被俘人员在一次特务组织的讨论会上质问说："你们说美国不是侵略者，那么，美国为什么还侵占着我们的台湾呢？"就因为这样一句话，特务们当场就把他拖到酷刑室给活活打死。一名叫马志堂的被俘人员，在一次讨论会后，悄悄地与一位同难者说一句"再也受不了这种罪了"，特务听到后马上把他毒打一顿，第二天早晨，大家发现马志堂已被特务吊死在厕所里。在美国一个战俘营里，有5千多志愿军被俘人员，不到一年的时间里，被敌人用各种方法残酷杀害的就有10多人。美国为了作医学上的试验，还把我方被俘人员当作动物一样进行解剖。有些我方伤病的被俘人员，还没咽气，就被敌人挖出心肝来，或者把皮肤一块块剥下来留作试验，然后把剥得血淋淋的尸体用草席卷起来扔到山沟里了事。

朝鲜停战签字不久，双方交换战俘。我方被俘人员通过板门店步行桥时，将美国发给他们的衣服、鞋袜全脱下来丢到桥下，只穿一条短裤，赤着身子。他们说："我们在战俘营吃尽了这些狗杂种的苦头，回来前才给每个人发了一套新衣服，想叫我们给他们撑面子"。

志愿军政治部主任杜平将军（前左）在接待站迎接我方被俘人员归来："你们终于回到祖国怀抱里来了，祖国像母亲一样关怀着你们，希望你们好好休息，保重身体"。

志愿军被俘人员归来下车后，受到总政文工团越剧团演员的热烈
欢迎。

志愿军被俘人员激动地说："我们终于回到日夜想念的伟大祖国的怀抱里了"。

遣返回来的朝鲜人民军被俘伤员受到我方人员的亲切关怀。

为了听取归来的我方被俘人员的控诉，我方特地在接收站附近设立了一个记者们听取控诉的帐篷，让受害最深的被俘人员把肚子里的苦水都倒出来，让美国虐待战俘的暴行面对世界公正舆论的审判。这是我归来的被俘人员面对世界各地的著名记者，控诉美帝国主义强迫扣留志愿军被俘人员背叛祖国，美国特务在他们身上刺上反动口号的情形。

被俘人员宋忠明向中立国工作人员、中外记者控诉揭露美帝国主义的滔天罪行。

志愿军被俘人员归来后，左手拿着鞋子，讲述他们在美国战俘营
与敌人巧妙斗争的情形。

我方被俘人员冒着生命危险，把敌人刺上的反动口号覆盖上，又
刺上了"抗美援朝"字样。

志愿军被俘人员赵青山，在美国战俘营因坚决要求返回祖国，敌人割掉他的右耳。他在 1953 年 9 月 26 日突破特务的控制，回到祖国的怀抱。

这位蒙上双眼的朝鲜人民军被俘人员叫金井元（前左），被美军挖去了双眼，这是敌人虐待我方战俘的铁证。

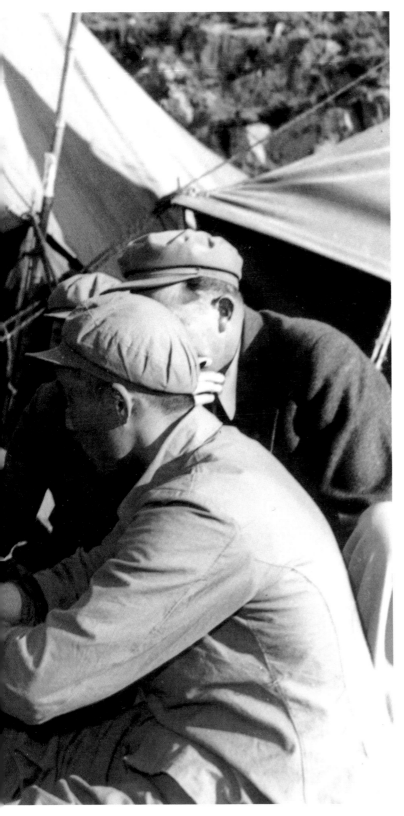

英国《工人日报》记者阿兰·魏宁顿（前左二）和法国《人道报》记者贝却迪（前左一），在访问志愿军被俘人员胡祖银（右一）等人，敌人借故他们身上有轻伤而将他们的四肢切掉。记者们向全世界揭露了美帝惨无人道的罪行。

朝鲜停战签字前后

　　1953 年 7 月 27 日，板门店会场格外热闹，世界各地的记者纷纷赶到这里都是为尽早向全世界报道朝鲜停战签字的消息。会场区的中央新建了一座签字大厅，签字将在这里举行。说起这座签字大厅，其中还有一段插曲，起初，美国人要修成十字形，签字时，双方代表团和各国记者在里面活动。我方不同意。因为李承晚早就放出风来，要在签字时派特务搞破坏，修十字形便于他们搞破坏。所以我们提出修"T"字形。美国人同意了我们的意见。根据协议，签字大厅由我们修建，刚修建时，有的美国记者看到规模挺大，便不怀好意地说："共军没有和平诚意，摊子铺的这样大，要修到何时何月呀？"哪知，我们只用一个星期就修建完毕，使那位美国记者哑口无言。签字大厅的屋顶是三角形，我们起初在三角形的墙上塑了个毕加索的和平鸽，这是和平的象征。美国人不同意，硬说和平鸽是共产主义的宣传象征，一定要我们拿下来。我们让了步，把和平鸽取了下来。和平鸽虽然取了下来，但鸽子的影子还清楚地留在墙上。

　　会场区的中央，从北到南划了一条分界线。这是根据双方协议，为维持会场区内的秩序，使签字仪式能够顺利进行而设置的。对方的记者和谈判工作人员只能在分界线东面活动，我方的记者和谈判工作人员只能在分界线的西面活动。那天，大厅里聚集了三百多人，大多是新闻记者和摄影师。上午十时整，摄影机和照相机一齐对准了签字大厅的正面，并列着两张长桌，上面早已放好了 18 份用朝、中、英三种文字书写的停战协定文本。中朝方面的首席代表南日大将、联合国军方面代表哈里逊中将坐在那里签字。在十分钟的时间里，他们互相没有说一句话，也没有看对方一眼，因双方敌视的情绪没有消除，各自签完便扬长而去。

　　签字仪式结束后，18 份文本于当天分别送双方司令官签字。平壤于当天举行了隆重的签字仪式，金日成元帅当天在停战协定上正式签字，并发表了重要

作者1953年5～7月间，与新华社记者曹兴华（中）、朝鲜通讯
社记者（左）在板门店采访停战谈判时留影。

讲话。彭德怀司令员是在开城签字的。原先的计划是双方司令官在板门店的签字大厅里进行的。但是汉城传出消息，李承晚将派人去板门店搞刺杀活动。这一手不可不防，因为李承晚集团是什么坏事都能干出来的。我们向对方提出，签字那天，不得有李承晚集团的人以任何名义参加，也不允许台湾蒋介石的记者在签字那天进入中立地区。美国方面不干，争来争去，决定改由双方首席代表在板门店签字，双方司令官送签。

当晚，志愿军代表团在开城举行庆祝晚会。当彭德怀司令员和朝鲜人民军副司令员崔庸健次帅走进会场时，会场沸腾起来，爆发出热烈的掌声。彭德怀司令员显得异常兴奋，摘下军帽挥动着，向欢呼的人们致意。他激奋地大声说："全世界人民所渴望的朝鲜停战现在已经实现了……"

第二天上午，在开城松岳堂举行了隆重的签字仪式。上午九时半，李克农、乔冠华、杜平等跟随彭德怀司令员走进了签字厅。代表团的工作人员将停战协定端放在彭总面前。彭总从容地戴上了紫红边的眼镜，然后拿起毛笔在协定文本上签上了彭德怀三个大字。记者们争抢着拍照，水银灯光一下子全部集中在彭总身上。签字后，彭总发表了讲话：朝鲜停战证明，一个觉醒了的爱好自由的民族，当它为祖国的光荣和独立而奋起战斗的时候，是不可战胜的。

1951 年 7 月 10 日，双方代表团首次谈判地点，开城来凤庄。

开城来凤庄双方谈判的会场。

志愿军司令员彭德怀(前中)，
视察开城来凤庄谈判会场。

朝中谈判代表团成员。首席谈判代表朝鲜人民军南日大将（中）、
志愿军代表邓华（左二）、解方（左一）。

"联合国军"谈判代表团成员。首席谈判代表美国海军中将特纳·乔埃（中）。

1953 年 6 月，双方谈判地点改为板门店。图为会场外景。

西方记者在板门店抓取谈判进展。

1953 年 7 月 27 日确定停战签字日期，朝中代表团工作人员检查签字后接受被俘人员归来的生活住处等（左二为丁国钰、左一为柴成文、右一为朝鲜人民军代表）。

根据协议，签字大厅由我方修建。刚修建时，有的美国记者看到规模挺大，便不怀好意地说："共军没有和平诚意，摊子铺的这样大，要修到何年何月呀？"哪知，我们只用一个星期就修建完毕，使那位美国记者哑口无言。

1953 年 7 月 24 日，彭德怀司令员（左二）、杜平政治部主任（左三）、
中国驻朝鲜代办甘野陶（左一）等在开城人参种植场参观。

1953 年 7 月 24 日，彭德怀司令员在开城前线视察（左一为杜平将军）

1953年7月27日上午9时，朝中方面首席代表南日、"联合国军"首席代表哈里逊举行签字仪式。从此，朝鲜战争停止了，实现了和平。

1953年7月27日上午9时，朝中代表列席朝鲜停战协定签字仪式。前右一为志愿军政治部主任杜平将军。

世界各国记者聚集签字会场，准备抓取历史的瞬间。

作者 1953 年 7 月 27 日在朝鲜停战签字大厅前留影。这一天是朝
鲜停战签字的日期，标志着朝鲜半岛的和平来临。

记者们正在抢拍签字后的朝中英三种文字的朝鲜停战协定文本。

朝中英三种文字的朝鲜停战协定文本。

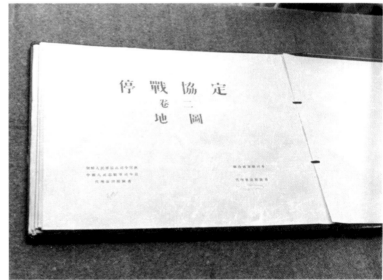

1953 年 7 月 28 日上午 9 时半，彭德怀司令员在协定文本上签字。（左三为李克农、左四为乔冠华、左五为丁国钰、左六为柴成文。

在协定文本上签上了彭德怀三个大字。

彭德怀司令员与李克农（左）。在两年的谈判当中，李克农与乔冠华作为中方的代表，领导中方的谈判事宜。

开城朝鲜各界群众集会，热烈庆祝这个来之不易的巨大胜利。

1953 年 7 月 27 日上午，双方代表在板门店停战协定上签字后，开城的朝鲜人民举着大幅标语和象征和平的巨大和平鸽游行，热烈庆祝胜利的到来。

1953年8月21日，朝中代表团李相朝将军（中间立者）、柴成文将军（中桌背者）宴请中立国监察委员会捷、波、瑞士、瑞典等国委员。

1953 年 9 月，联合国红十字会，朝中红十字会代表去南朝鲜战俘
营调查前，在板门店合影。

朝鲜停战不久，各国记者到朝鲜采访。图为著名记者李千峰（左三）
陪同外国记者到板门店采访停战后的双方战俘遣返问题。

朝鲜停战后,西方记者来到板门店停战签字大厅,感受和平的力量。

1953 年 11 月，刚停战 4 个月的朝鲜云山郡的人民很快恢复了正常的生活，房子盖好了，牲畜兴旺，过起了和平幸福的生活。

1953 年 10 月，朝鲜停战后。作者仍在开城采访。朝鲜虽然停战，但还有许多工作要落实。如双方遵守停战协定、战俘遣返问题、以及非军事区的划界及军事管理的问题。这是本书作者与朝鲜房东的孩子在一起。

云山郡的人民，踊跃缴公粮，以实际行动支援国家的战后恢复工作。

朝鲜西海岸的工人们齐心协力，积极地恢复电力生产。

朝鲜东海岸金策市，盛产海产品，各种鱼虾，特别是海螃蟹大如
锅盖，有时妇女顶在头上，是一道亮丽的风景线。

东海岸金策制铁所，积极地恢复生产，齐心协力，好不热闹。

1953 年底，作者（左二）在朝鲜云山郡采访，抱着郡委员长（左一，即县委书记）的孩子。

作者（左一）采访朝鲜停战后恢复中的水泥厂。这是与负责人在一起。

赴朝慰问团在朝鲜，梅、马同行演"绝唱"

1953 年 7 月 27 日，朝鲜停战签字协定。不久，中国人民抗美援朝总会组织了以贺龙为总团长的中国人民第三届赴朝慰问团，于 1953 年 10 月 4 日离京赴朝。

10 月 25 日，正逢志愿军出国作战三周年之际，在平壤朝鲜内阁事务局礼堂，中国人民第三届赴朝慰问团举行了隆重仪式，向朝鲜人民的领袖金日成首相献旗，锦旗上写着"光荣属于您和您领导的朝鲜人民"。慰问团总团长贺龙元帅代表中国人民和毛主席向金日成首相和英雄的朝鲜人民表示崇高的敬意和衷心的感谢，并说"中国人民和中国人民志愿军将尽最大的努力继续援助朝鲜人民进行重建工作，争取朝鲜问题的和平解决"。金日成首相用流畅的吉林口音讲了这样一段话："朝中人民用鲜血凝成的战斗友谊牢不可破，中国人民志愿军的国际主义精神值得朝鲜人民学习，感谢中国人民和中国人民志愿军对朝鲜祖国解放战争的援助，朝鲜人民将世世代代传下去。"在会上，金日成首相紧紧地握住罗盛教烈士的父亲罗迭开老人的手亲切地说："谢谢你，谢谢你生了一个好儿子，他为朝鲜人民牺牲了，谢谢你这样的好爸爸。"在平壤牡丹峰的露天剧场出现了新闻高潮，记者们纷纷围上来，崔莹称罗迭开老人"爸爸"，并恭恭敬敬地奉献给老人家一包礼物——两套朝鲜族服装，一匹他母亲用手织的家绢。罗迭开老人把一套绒衣、一支金星钢笔、一个日记本赠给崔莹。崔莹父亲崔鼎汉握着罗迭开的手说："是罗盛教救活了崔莹，他就是你的儿子。"

著名京剧表演艺术大师梅兰芳兼任慰问团的副总团长。到了朝鲜开城，梅兰芳大师首先跟马连良同台演出了"打渔杀家"，这两位艺术大师极少同台，更谈不到合演，此次合演堪称京剧史上的"绝唱"。那天阳光明媚，风和日丽，在开城的露天广场，观众人山人海。有位志愿军战士兴奋地说："在祖国也很难看到这么有名的演员，每个节目都十分精彩，太感谢祖国人民了！"除了梅兰芳、马连良的"打渔杀家"，还有梅兰芳的"霸王别姬"、程砚秋的"锁麟囊"、周信芳的"萧何月下追韩信"，梅兰芳先生的子女梅葆玖、梅葆玥等同时上台。真可谓群英荟萃、盛况空前，把慰问活动推向了高潮。

在平壤举行的欢迎第三届赴朝慰问团宴会上，当陈沂副总团长向金日成首相敬酒时，金日成高兴地说："你三次来朝鲜，辛苦了！我封你为朝鲜公民。"顿时，会场上响起了热烈地掌声。

原总政文化部长陈沂同志，先后参加了第一届、第二届、第三届赴朝慰问团。并且每次都担任副总团长兼秘书长的职务。俗话说：一遭生、两遭熟，何况三次呢。前两次，是冒着美国侵略者的立体战的危险去的。所以，金日成首相和朝鲜人民对陈沂同志有特殊的感情。

第一届赴朝鲜慰问团在抗美援朝战争刚刚进行半年的1951年3月组成，当时战斗十分激烈，环境十分艰苦。总团长是廖承志，副总团长是陈沂同志、田汉同志。陈沂同志是慰问团的具体组织者，他除了做好慰问团组建中的大量事务工作外，还特别关心慰问团成员中的文艺工作者。因为到前线演出才是慰问当中的主角。陈沂同志十分熟悉文艺界的情况。那次，他动员了全国著名演员随团去朝鲜。如著名相声演员常宝堃（常贵田的父亲、常宝华的哥哥，在朝鲜前线慰问演出中遭敌机轰炸光荣牺牲）。还有著名相声演员侯宝林、著名评剧演员小白玉霜，京韵大鼓著名演员富少舫等。

第二届赴朝慰问团是1952年10月组成，陈沂同志仍是慰问团副总团长兼秘书长。他给我的感觉是：慰问团上上下下的事都由他来做，搞得有条有理，工作开展得很活跃。到了朝鲜不久，总团部就决定先到朝鲜成川郡石田里慰问那里的驻军——志愿军罗盛教烈士生前所在师，被罗盛教烈士救活的朝鲜少年崔莹就住在这个村。大家听了都很高兴。慰问团到了师部后，就着手研究公祭罗盛教烈士的仪式，陈沂同志考虑，部队在这里快一年了，敌机很少骚扰，有时偶而路过飞的也很高（正因如此，部队没有特意防空）；加之朝鲜人民为了永志不忘罗盛教烈士的国际主义精神，特意在罗盛教山上（原为佛体洞山）修建了纪念碑，纪念亭也等待慰问团来参加剪彩。最后决定公祭大会搞得既庄严又隆重：除慰问团成员全体参加外，还有师部机关和直属部队，以及当地朝鲜人民，少说也有2000多人。公祭大会在总政文工团乐队的伴奏下开始。当地朝鲜人民带着鲜花扎成的花圈，成群结队赶来参加罗盛教烈士纪念碑纪念亭落成典礼；罗盛教烈士生前所在师列队来到公祭会场；被罗盛教烈士抢救的朝鲜少年崔莹和他的父亲，按照朝鲜人民的风俗备了一份隆重的祭品，在罗盛教烈士纪念碑前致祭。中国人民第二届赴朝慰问团副总团长陈沂，代表祖国人民公祭罗盛教烈士，并在墓前献了花圈、宣读了祭词……

公祭大会进行到高潮时，由于特务告密，美军飞机偷偷来袭，还不时传来轰炸声。人们开始有些骚动，向天空张望。这时，陈沂同志意识到再开下去后果不堪设想。他与总团长刘景范研究了一下，果断地将慰问团的重要成员、民主人士、工农兵劳动模范、战斗英雄有秩序的进行疏散；并宣布公祭大会结束，其他同志服从命令听指挥。在疏散过程中，陈沂同志自始至终指挥着朝鲜群众和志愿军部队，直到将整个人群都转移到山的下面，陈沂同志才放下心来。说了一声："走，咱们下山过河到师部去！"师首长早已在小学校的课堂里摆好了宴席。他解释说："这些吃的都是我们从祖国买回来的。欢迎祖国派来的亲人。"师政委向慰问团汇报着部队入朝作战以来取得的战斗成果，当说到战士们在坚守坑道战斗中，表现出的革命乐观主义精神时，特意念了一首打油诗，直到今天我还记忆犹新："我赛黑包公，杀敌称英雄。祖国生活好，再黑也光荣。"还没来得及记完，就听到敌机俯冲下来，大家跑出教室趴在开阔地上。四架敌机开始轮番轰炸我们这个地方，肯定是特务报告了。本想找个间隙跑到山坡的树林里，根本没有机会起身转移。就在敌机疯狂轰炸之时，八一电影制片厂摄影师高庆生同志，为了跑回房间取电影机，一颗无情的炸弹落下，他光荣牺牲，八一厂另一位摄影师文英光被炸起的土石埋在弹坑里，我和其他同志也受了不同程度的轻伤。虽然有些伤亡，但是由于陈沂等同志决断及时，避免了一场大的灾难。假如疏散晚一会儿，后果不堪设想。这是陈沂同志的一大功劳。

陈沂同志在第三届赴朝鲜慰问团工作成绩更大，他为贺龙总团长出谋划策，起了关键作用。因为停战了，慰问活动更应丰富多彩。他将军内外的著名演员几乎全都动员起来，从最著名的京剧表演艺术家梅兰芳、马连良、周信芳、程砚秋，到歌舞、评剧、相声、杂技以及独唱等，在慰问期间，到处是欢声笑语，给志愿军指战员，朝鲜人民军和朝鲜人民留下了难忘的记忆。记得慰问团到开城那天晚上，我和陈沂同志在他的房间聊天，外边有人问："陈沂同志在这儿吗？""是，请进来。"陈沂同志答。于是，一位身材魁梧、穿着一身崭新的志愿军棉军装的人走进来。他们十分熟悉，寒暄了一阵坐下了。在他们交谈中，我知道这位同志是搞文艺创作的，在 46 军体验生活。当送走客人后，我才知道他是作家巴金。我问陈沂同志："巴金先生多大岁数？""25 公岁""你多大岁数？""20 公岁"。可我当时晚问了一句话，失去了一次在朝鲜战场上采访巴金的宝贵机会。

1951 年 3 月至 5 月，中国人民抗美援朝总会组织派出的"中国人民第一届赴朝慰问团"。团长廖承志，副团长陈沂、田汉等。这是出发前廖承志在组团会上的讲话："带着党和人民的嘱托，到朝鲜前线慰问中国人民志愿军和朝鲜人民军的英勇杀敌、不怕牺牲、不怕困难的大无畏精神；一定传达中国人民对他们的崇高敬意。"

团长廖承志（左）、副团长陈沂（右）在金日成（中）举行的欢
迎酒会上。

1951 年 4 月 21 日，廖承志、陈沂、田汉带领部分慰问团团员向朝
鲜人民的领袖金日成首相献旗。

"第一届赴朝慰问团"给前线的勇士们带去的各种慰问品。

第一届赴朝慰问团中的天津著名相声演员常宝堃（立右二）在前线为志愿军战士演出（常宝堃在前线演出过程中遭敌机轰炸光荣牺牲）。

著名艺人富少舫等为志愿军战士演唱京韵大鼓。琴师成树棠(右二)
遭敌机轰炸，光荣牺牲。

1951年5月，首都各界集会，在中山公园音乐堂欢迎"中国人民
第一届赴朝慰问团"胜利归来。左起：吴晗、刘宁一、章乃器、
朝鲜贵宾、李立三、朝鲜贵宾、郭沫若。

1952 年 9 月 18 日，中国人民志愿军领导机关与"中国人民第二届赴朝慰问团"联合举行慰问大会。慰问团总团长刘景范、副团长陈沂、李明灏、胡厥文、周钦岳等将长达八尺的湘绣丝绒锦旗献给志愿军。

　　"中国人民第二届赴朝慰问团"在团长刘景范（刘志丹的弟弟，
时任司法部副部长）率领下，于 1952 年 9 月 18 日到达朝鲜。这
是刘景范团长在志愿军领导机关举行的欢迎大会上讲话。

慰问团中的工人代表，全国劳动模范马恒昌。

慰问团中的农民代表，全国战斗英雄董存瑞的父亲董金忠。

志愿军政治部主任杜平，他十分激昂地代表全体指战员感谢毛主
席，感谢共产党，感谢全国人民对志愿军的关怀和支持，他们决
不辜负"最可爱的人"的光荣称号，决心与美帝国主义战斗到底，
直到把美帝国主义打到"三八线"以南，支援朝鲜人民的正义战争，
保卫我们的国家和平与安宁。

为庆祝中国人民志愿军出国作战两周年，朝鲜民主主义人民共和国首相金日成于1952年10月25日晚，在平壤举行盛大宴会。"中国人民第二届赴朝慰问团"应邀出席了宴会，这是宴会主席台。

在纪念大会上，志愿军英雄模范向金日成首相敬酒。左起志愿军模范护士刘玉珍、战斗英雄关崇贵。

"中国人民第二届赴朝慰问团"总团长刘景范和19位代表于10
月26日，会见朝鲜民主主义人民共和国金日成首相。在宴会上，
刘景范总团长代表中国人民，向在保卫自己祖国、保卫世界和平、
反对美帝国主义侵略的正确斗争中建立了不朽功勋的金日成将军
和他领导下的朝鲜军民，致以崇高的敬意和亲切的慰问。最后向
金日成首相献旗、献礼。

第二届赴朝慰问团副团长胡厥文（前右一）与金日成首相握手。

"中国人民第二届赴朝慰问团"刘景范总团长亲临阵地进行慰问。刘景范总团长正在向志愿军高射炮手们讲述祖国人民生产节约支援前线的情况。

慰问团副团长胡厥文（前左三）、全国劳动模范马恒昌（前左四），深入平壤街道，慰问朝鲜老大爷，赞扬朝鲜人民同仇敌忾，保卫祖国的英勇事迹。

中国人民第二届赴朝慰问团的部分团员在副总团长胡厥文（右三）的带领下，在平壤市慰问柳城里朝鲜人民时，遇到了一位 75 岁的吴老大娘，她握着赴朝慰问团代表、全国战斗英雄王耀荣的手，悲愤地讲述她一家人的遭遇，泣不成声地揭露美军侵略朝鲜的罪行。战前，吴老大娘一家六口人，过着幸福美满的生活，1952 年 8 月被美帝国主义飞机炸死五口，仅留下她一人。慰问团代表们表示："一定要把美帝国主义暴行向全世界控诉，中国人民志愿军一定为老人家报仇。"

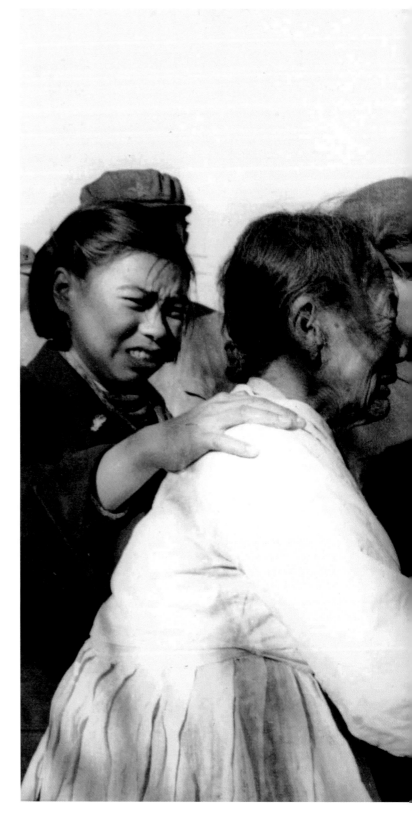

1952 年 10 月 13 日第二届赴朝慰问团副团长陈沂（中立）代表祖
国人民公祭罗盛教烈士。

朝鲜人民军代表向罗盛教烈士墓献花圈。

朝鲜顺成郡石田里的儿童向罗盛教烈士墓献花。

中国人民志愿军代表向新落成的罗盛教烈士纪念亭献花圈并瞻仰。

崔莹溺水的砾照河。

崔莹（中）与父母亲在罗盛教烈士墓前留影，永远不忘救命恩人。

作者 1952 年 10 月在朝鲜成川郡石田里崔莹家乡与崔莹合影。背后就是砾照河。左边的木碑记载了罗盛教的英勇事迹。砾照河改名为罗盛教河，佛体洞山改名为罗盛教山。

1952 年 10 月，总政文工团著名山东快书演员高元钧在朝鲜前线为
空军指战员演出。

总政文工团舞蹈演员在朝鲜崔莹的家乡演出舞蹈"罗盛教"时，
请崔莹（左二）签名留念。（左一是总政文工团舞蹈演员张建民
在舞蹈中饰演罗盛教）。

志愿军第 15 军的文工团员在上甘岭前线设立宣传站，鼓舞士气。

第二届赴朝慰问团总政文工团不分昼夜，深入志愿军连队进行慰
问演出。图为在夜间给上浦防鱼积山里战斗中立集体一等功的某
部六连演唱。

志愿军第15军文工团女队员与朝鲜妇女组成担架队,在前线
阵地上抢救志愿军伤员,给伤员喝水、喂饭。

志愿军第 15 军的文工团员来到支援 597.9 高地战斗的炮兵八连进行慰问演出。

　　"八一"电影制片厂的摄影师,在上甘岭阵地上,拍摄文工团员
为志愿军指战员慰问演出。

随中国人民第二届赴朝慰问团的文艺工作者，在平壤与朝鲜文艺工作者联欢，畅叙中朝两国文艺工作者的战斗友谊。背景是朝鲜文化相的办公大楼，墙上弹痕累累，是美帝国主义飞机疯狂轰炸留下的。

1953年朝鲜停战签字不久，中国人民抗美援朝总会组织了以贺龙为总团长的赴朝慰问团，于10月4日离京赴朝。抗美援朝总会会长郭沫若到北京前门车站送行。贺龙总团长（左）与郭沫若会长在北京前门火车站。

第三届赴朝慰问团团长贺龙（左）与金日成首相。

1953 年 10 月 25 日，志愿军出国作战三周年之际，在平壤朝鲜内阁事务局礼堂，"中国人民第三届赴朝慰问团"举行了隆重的仪式，左起：贺龙、金日成、金抖奉

向朝鲜人民领袖金日成主席献旗，锦旗上写着："光荣属于您
和您领导的朝鲜人民"。在会上，慰问团总团长贺龙代表全中
国人民和毛主席向金日成主席和朝鲜人民表示崇高的敬意和衷
心的感谢。

第三届赴朝慰问团慰问朝鲜内阁，贺龙总团长在慰问大会上讲话

朝鲜人民军最高司令官向慰问团献旗。

贺龙总团长代表慰问团向朝鲜人民军保卫相崔庸健献旗。

第三届慰问团副总团长兼秘书长陈沂是总政文化部部长。他在一、二届赴朝慰问团也是副总团长兼秘书长，而前两次是在战争环境。因此，陈沂同志给朝鲜人民很大的精神鼓舞。图为：陈沂同志（右二）向金日成敬酒时，金首相语重心长地说："你三次来朝鲜，辛苦了！我封你为朝鲜公民。"

志愿军副司令员杨得志（左）向金日成首相敬酒，庆祝志愿军出
国作战两周年。

在招待会上，金日成首相紧紧地握住罗盛教的父亲罗迭开老人的手亲切地说："谢谢你，谢谢你生了一个好儿子，他为朝鲜人民牺牲了，谢谢你这样的好爸爸"。

1956年被罗盛教救活的少年崔莹已当上了朝鲜人民军的排长。

以贺龙（前排右二）为总团长的第三届赴朝慰问团抵达平壤，在平壤牡丹峰剧场举行慰问大会。罗盛教父亲罗迭开（左二）老人以慰问团成员身份来到朝鲜，并与崔莹（左一）、崔莹的父亲崔鼎汉（右一）会见。

在平壤牡丹峰的露天剧场，出现了新闻高潮，记者纷纷围上来，崔莹（左一）亲切的称罗迭开老人为"爸爸"，并恭恭敬敬地奉献给老人一包礼物——两套朝鲜民族服装，一匹他母亲手织的家绢。（左三为崔莹父亲崔鼎汉）。

罗盛教的父亲罗迭开来到朝鲜人民军部队进行慰问，被朝鲜人民军立即抬起来。

贺龙总团长（中）来到崔庸健次帅(左三)家里做客。(正面右一为李达副总参谋长，陪同的还有中国驻朝鲜参赞甘野陶。)

第三届赴朝慰问团在朝鲜牡丹峰露天剧场举行慰问大会。图为大
会会场。

第三届赴朝慰问团来到开城慰问中国人民志愿军和朝鲜人民军及朝鲜人民。

1953 年 10 月作者（左）与新华社记者刘东鳌在朝鲜平壤牡丹峰前。

1953 年 10 月，朝鲜平壤人民络绎不绝的到牡丹峰瞻仰志愿军烈士碑。前为作者。

总政文工团合唱队，随中国第三次赴朝慰问团在平壤为朝鲜军民演出。

1953 年 10 月，中国人民第三届赴朝慰问团总团京剧团梅兰芳剧团
（右三为梅兰芳），在开城演出《贵妃醉酒》。

第三届慰问团副总团长梅兰芳(左)与著名京剧表演艺术家马连良(右)，
在朝鲜开城同台演出《打渔杀家》

京剧表演艺术家周信芳，在朝鲜开城为志愿军和朝鲜人民军演出
《徐策跑城》后，志愿军战士上台献花以示感谢。

图为金日成首相（左一）会见以内务部副部长王子宜（左二）为
总团长的 1956 年春节慰问团。右一右二为中国驻朝鲜大使潘自力
大使与夫人。

1956 年春节慰问团王子
宜总团长（前右一）参观
金日成故乡万景台，右二
为金日成的婶子。

王子宜与金日成的婶子。

1956年1月志愿军司令员杨勇（左）向朝鲜人民军全光侠大将献旗，
祝贺朝鲜人民军建军八周年。

1956年春节慰问团工人代表，劳动模范孟泰（右一）慰问志愿军
指战员。

1956年春节慰问团副总团长乐松生（前右一，同仁堂总经理，北京市副市长）张梓桢来到朝鲜老秃山，慰问朝鲜人民军。

乐松生副总团长为朝鲜人民军战士戴纪念章。

乐松生副总团长不辞辛苦，步行爬山来到老秃山慰问朝鲜人民军，
图为与朝鲜人民军热情握手。

1956年春节慰问团，在朝鲜东线慰问朝鲜罗盛教式的人物——朴在根烈士家属。

朝鲜人民军接收原志愿军坚守的上甘岭阵地，并在黄继光烈士牺牲的地方安放了英雄舍身炸碉堡的雕塑。

1956 年春节慰问团总团长王子宜（中）接受战士们写给毛主席和
祖国人民的信。

1956年春节慰问团赴朝鲜慰问。图为：金日成首相（右三）上台，向京剧团演员祝贺演出成功。右一为慰问团总团长王子宜（内务部副部长），右二为中国驻朝鲜大使潘自力。

志愿军政治部越剧团演员为志愿军演出梁山伯与祝英台。

山东著名吕剧演员郎咸芬，1956 年随春节慰问团到朝鲜前线演出，
为志愿军指战员演出《李二嫂改嫁》；向战士们介绍祖国建设取
得大好形势，祖国人民感谢最可爱的人保家卫国，抗美援朝的奉
献精神。

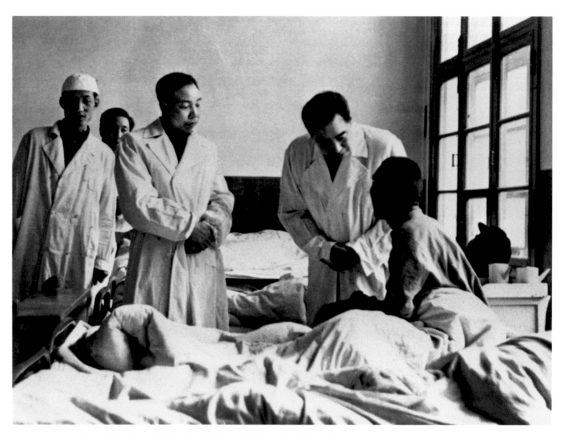

1951 年 4 月，周恩来总理到医院看望从朝鲜回来的受伤人员。总政副主任肖华陪同。

1951 年 10 月，中国人民抗美援朝总会会长郭沫若（中）、副会长魏传统（右）与志愿军政治部主任杜平将军合影。

志愿军归国参观团抵达北京，受到北京各界人民的热烈欢迎。

1951 年 10 月，志愿军归国参观团抵京，志愿军政治部主任杜平在前门车站举行的欢迎会上讲话。

志愿军归国代表团抵京，志愿军空军战斗英雄赵宝桐（右被抬起者）、张积慧（中被抬起者）、刘玉堤（左被抬起者）受到了学生们的热烈欢迎。

左起：张积慧、赵宝桐、刘玉堤。

北京市学生热爱空军战斗英雄，图为刘玉堤、赵宝桐与同学们在一起。

志愿军空军英雄与模范们合影。前排左起：赵宝桐、祁建华（速
成识字法创造者）、张积慧，后排左起：刘玉堤、吴顾全。

作者 1951 年在北京前门车站与志愿军战斗英雄郭中田（左一）、
周文江（右一）合影，他俩准备出席世界青年联欢节大会。

学生们与空军英雄张积慧（中右）、刘玉堤（中左）合影，感到
莫大的荣幸。

1951 年底，在王府井北口建立的志愿军英雄塑像。志愿军三位英
雄在塑像前合影留念。

1951年，志愿军归国报告团英雄们来到北海公园，被学生们抬起来。学生们高呼：英雄们万岁！当时，全国人民十分热爱、尊敬志愿军英雄们——因为他们是最可爱的人！

志愿军战斗英雄杨连弟（中），给北京的学生们讲战斗故事。

空军战斗英雄崔建国在中山公园为学生们讲空战打美国飞机的战
斗故事。

空军战斗英雄刘玉堤在中山公园为学生们讲空战打美国飞机的战
斗故事。

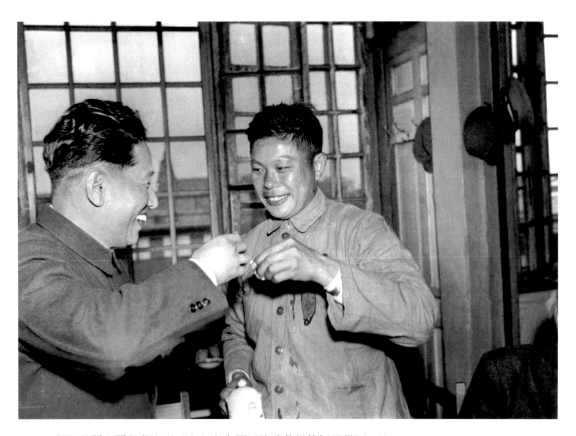

新闻总署副署长萨空了（左）向志愿军战斗英雄徐恒录敬酒，这是在一次新闻总署工作人员请战斗英雄讲志愿军英雄在朝鲜前线如何战胜困难，浴血同美帝国主义战斗的事迹。

苗族英雄苗兴文给北京市各界青年讲他在朝鲜杀敌立功的事迹。

上甘岭战斗涌现出来的著名战斗英雄胡修道（前左二），与朝鲜
战友交流杀敌立功的经验。

1959 年，志愿军特级英雄黄继光的母亲邓芳芝出席全国妇女代表大会时向代表们招手致意。

首都各界，1951年10月25日纪念抗美援朝、保家卫国一周年大会。
会上志愿军政治部主任、回国参观团团长杜平讲话。左起：沈钧儒、
徐冰、郭沫若、彭真、陈叔通、朱学范等出席了大会。

抗美援朝总会向英勇的志愿军全体将士献旗。左一为杜平将军。

1951年3～4月间，政务院组织了以卫生部长李德全（前排右一）为团长的慰问团，去东北三省慰问志愿军伤员。李德全团长在北京前门火车站向前来送行的各界人士表示感谢。送行的有：沈钧儒、史良等。

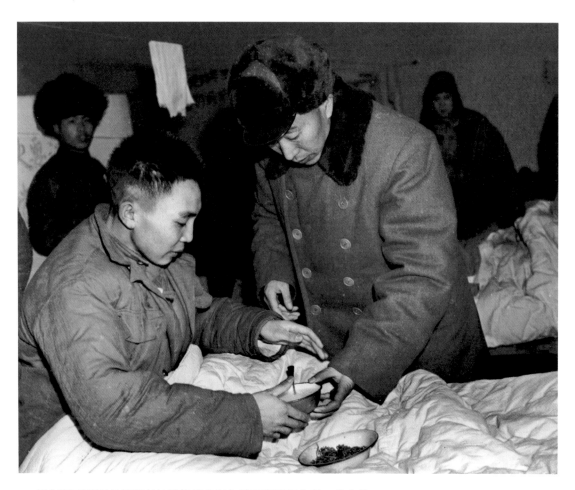

慰问团副总团长兼秘书长魏传统在东北某医院慰问伤员，亲自为
伤员端饭。当时东北三省每个县城的医院，都住满了从朝鲜前线
抢救回来的伤病。

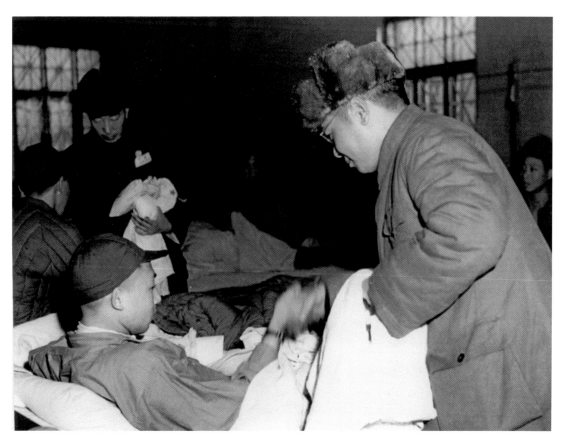

慰问团副总团长、北京市副市长吴晗向伤员发慰问品。

1951 年 8 月—1952 年 2 月，豫剧表演艺术家常香玉，到全国各地
演出为志愿军购买了一架战斗机，支援在朝鲜前线浴血奋战的英
雄们。

慰问团近两个月的紧张慰问工作，给志愿军伤员很大的鼓舞，伤员们感谢祖国和人民对他们的关怀和挂念。右起：李德全、吴晗、草明、刘超、魏传统在吉林市松花江畔。

朝鲜代表团抵达北京前门车站时：右起：张致祥、李周渊、肖华、
张少焕、老舍、人民军成员、魏传统。

1960 年 10 月 25 日，是志愿军出国作战 10 周年纪念，中朝两国人民都派出了规模庞大的代表团。朝鲜派出了朝鲜人民军总政治局副局长张少焕为首的代表团并带来了朝鲜协奏团。这是 1960 年 10 月 25 日晚，毛主席到人民大会堂亲自观看了协奏团的演出。党和国家领导人主要成员都出席观看。这显示了中国党和国家对中朝友谊的重视。

毛主席、刘主席、周总理、邓总书记、陈毅副总理、彭真副委员长、李富春副总理等（朱委员长单独看了演出）都出席观看。这是演出结束后，在台上与主要成员合影。

朱德委员长（二排左二）、陈毅元帅（二排左三）、张少焕团长（二排右二）、叶剑英元帅（二排右一）等参加了在北京纪念活动的开幕式。（在天桥剧场）

周恩来总理为以朝鲜人民军总政治局副局长张少焕为首的朝鲜代
表团举行了宴会。左一为朝鲜驻中国大使李周渊。

毛主席接见朝鲜代表团团长、朝鲜人民军总政治局副局长张少焕
及其他主要成员。左四为朝鲜驻中国大使李周渊。

叶剑英元帅（左二）接见张少焕（右二）。左一为李志民、右一
为习仲勋。

1960 年，以张少焕为总团长的朝鲜代表团在中国受到了极大的欢迎，中国党和政府都超规格礼仪欢迎他们，这是他们参观陶然亭舞蹈学校的教学及演出。校长陈爱莲（前左二），抗美援朝总会副会长魏传统（左一）与张少焕团长（右一）等在观看演出。

1958年志愿军凯旋归国受到了全国人民的热烈欢迎。这是毛主席
在中南海接见归国的代表、模范医务工作者解秀梅。

毛主席在中南海接见了归国的代表。

1955 年 4 月，本书作者在朝鲜中线大德山志愿军守卫的防线与志愿军指战员一起巡逻。这是在非军事区我方一侧。

作者（右三）与志愿军指战员在非军事区合影。

战后的云山。1953 年 11 月志愿军在此首战大捷，痛歼美军骑兵第
一师。路旁是志愿军摧毁的美国坦克，朝鲜人民把它作为拴牛的
桩子。

永世不忘救命恩人。朝鲜云山郡的人民，为了感谢志愿军永远纪念在解放云山战斗中英勇牺牲的志愿军烈士们，特在立石下里建立了中国人民志愿军的追悼碑，每逢年节的时候，这里的人民怀着无限尊敬的心情，来到志愿军追悼碑前，举行隆重的朝鲜祭奠仪式。

1955年10月25日，志愿军总部在朝鲜桧仓建立的志愿军烈士陵园。

1955 年 10 月 25 日建立的毛岸英烈士墓。墓碑是郭沫若题写。

1958年2月，周恩来总理（前右）率领我国政府代表团访问朝鲜时，
冒着大雪到烈士陵园敬献花圈，祭奠牺牲在朝鲜的烈士们。

1958年，车驶过鸭绿江畔的凯旋门，中国人民的优秀儿女回到祖国的怀抱。

1958 年首都 20 万各界群众欢迎归国的志愿军。

1950 年 5 月，苏联青年代表团访问北京。中国新民主主义青年团
中央向苏联青年代表团献旗。（前排左起：廖承志、毛岸英、米
哈依洛夫、阔日杜布、冯文彬）

欢迎以米哈依洛夫为首的苏联青年代表团大会会场。

后　记

这些珍贵的历史照片，是我在抗美援朝战争期间拍摄的，每一个镜头都是一段故事。因为军事摄影记者是单枪匹马在前线抢拍的镜头，什么困难都能遇上。

1951 年 5 月，我受命参加五次战役第二阶段的采访，这是规模最大的一次战役，预计歼敌 5 万余人。一开始行动就遇上了撞车、敌机轰炸、走错路又折返等困难，因为战斗部队上前线只背七天粮食，我们只好用带着的衣裤、肥皂、牙膏、牙刷、手电等物与老百姓换取。碰上从前线运回伤员的汽车发生车祸掉到大江里，我们赶紧下去抢救，结果有的摔死了，有的又二次负伤。我们一路上爬山涉水，好不容易才来到了东线指挥部，九兵团司令兼政委宋时轮、政治部主任谢有法接见了我们，首长们说："赶紧上前线，过两天就打起来了！"我们连夜坐着拉弹药的车队前行，路上与大部队交汇在一起难以通行，才走二十多公里就天亮了，只好在附近找间老百姓被炸坏的房子防空休息。下午做好饭还来不及吃，就从山坡上飞奔下来一支部队，看到我们，惊讶地说："你们怎么还不撤退，敌人就在眼前了！"于是跟着他们在大雨滂沱的泥泞路上强行军走了两天一夜，我们才到了阻击敌人的中线麟蹄一带，还差点被俘，就连兵团首长都掌握不了战役的突变，致使敌人增兵进行反扑，变化之快，难以预料。

这就是一个军事摄影记者经受的一次难得的考验，至今我都忘却不了艰险考验人，艰险锻炼人，艰险更不会改变有着坚定理想信念的战士。

孟昭瑞

2013 年 12 月

出版后记

　　2013 年年底，我们拿到了孟昭瑞老先生整理好的本书初稿，2015 年年初，本书正式出版。在这一年多时间里，从全书的框架结构到每一条图注的准确内容，从照片的选取到放置顺序，作者与我们无数次商讨、修改、打磨。可惜的是，就在此书即将付梓之际，孟老却已溘然长逝。

　　初次与孟老见面，是在 2014 年的春夏之交，我抱着刚接手的书稿纸样，战战兢兢地按响了门铃，开门的正是孟老，满头银发，精神矍铄，笑容和蔼。整本书稿，孟老会认真的翻阅每一页，仔细核对每一条图注，梳理全书的图片顺序。之后每一次带书稿纸样让孟老审阅，他总是戴着老花镜，拿着纸笔，为我准备一份清凉的饮料，准时坐在餐桌边等我，严谨周到的军人气质并没有随着时光的流逝而从他的身上消失。看着书稿上那些生动鲜活的照片，孟老仿佛又回到了半个世纪前的那段峥嵘岁月。

　　1950 年 10 月，作为部队摄影记者，刚满 20 岁的孟昭瑞主动请缨，奔赴朝鲜战场，抢拍到志愿军战士雄赳赳、气昂昂跨过鸭绿江的壮观场面。在整个抗美援朝战争期间，孟昭瑞 11 次赴朝，从战争第一阶段（1950.10—1951.5）中美两军现代军事史上的第一次交锋的云山战斗，到第二阶段（1951.6—1953.7）惨烈异常的上甘岭战役，再到 1953 年 7 月在板门店签订《朝鲜停战协定》，他和他的相机都在现场，定格下那一帧帧珍贵的历史瞬间。

　　在朝鲜，孟昭瑞亲历了血与火的洗礼，经受了生与死的考验，他目睹了太多战士和同行的牺牲，不论战争环境如何险恶，不论自己的内心如何痛苦，他仍然选择紧握手中的相机，按下快门，用照片诠释了谁是最可爱的人，用照片温暖了冰冷的历史。

　　孟昭瑞不仅是一名出色的战地记者，许多妇孺皆知的历史时刻也是由他记录下来的：北平入城式、开国大典、第一颗原子弹爆炸成功、第一颗氢弹爆炸成功、毛主席接见红卫兵、审判"四人帮"……这些在中国当代史中有着重大意义的事件，都被收进了孟昭瑞的镜头里。

他只是一个普通人，并没有超越时代的清醒，但却一直在默默的拍摄，让历史可以被观看，使后来人可以通过这些照片重回历史现场，感受历史的热度，探寻事件的真相。

从青年时他端起相机的那一刻起，孟昭瑞一直在记录历史，自己却始终站在镜头之外；用一个人的镜头，定格一个国家的记忆。

服务热线：133-6631-2326　188-1142-1266

服务信箱：reader@hinabook.com

后浪出版公司

2015 年 1 月

图书在版编目（CIP）数据

亲历抗美援朝战争 / 孟昭瑞著. -- 北京 : 北京联合出版公司, 2015.5（2021.3重印）
ISBN 978-7-5502-4510-5

Ⅰ.①亲… Ⅱ.①孟… Ⅲ.①抗美援朝战争—史料—画册 Ⅳ.①E297.5-62

中国版本图书馆CIP数据核字（2015）第022274号

亲历抗美援朝战争
著　　者：孟昭瑞
出 品 人：赵红仕
选题策划：后浪出版公司
出版统筹：吴兴元
特约策划：张　力
责任编辑：刘　凯
特约编辑：林立扬　董　良
封面设计：周伟伟
营销推广：ONEBOOK
装帧制造：墨白空间

北京联合出版公司出版
（北京市西城区德外大街83号楼9层　100088）
后浪出版咨询（北京）有限责任公司发行
天津图文方嘉印刷有限公司印刷　新华书店经销
字数304千字　720毫米×1030毫米　1/16　印张19　插页4
2015年5月第1版　2021年3月第2次印刷
ISBN 978-7-5502-4510-5
定价：99.80元